# JOURNAL

## DU SIÉGE DE LA VILLE

# D'ARMENTIÈRES

DE TOUT CE QUI S'EST PASSÉ DE PLUS REMARQUABLE DEPUIS LE 11 DE MAY 1647 JUSQUES AU 30 DUDIT MOIS, ET COMME ELLE FUT RENDUE LE MESME JOUR DE L'ASSENSION DU SAUVEUR PAR LES ARMES DU ROY SOUBS LE COMMANDEMENT DE SON ALTÈZE IMPÉRIALE LE SÉRÉNISSIME ARCHIDUC LÉOPOLDE; ENSEMBLE LA REPRISE DU BOURG ET CHASTEAU DE COMINES.

## ACCOMPAGNÉ D'UN PLAN

LILLE

Imprimerie VITEZ-GÉRARD, place de Strasbourg, 12

1876

# JOURNAL

## DU SIÉGE DE LA VILLE

# D'ARMENTIÈRES

DE TOUT CE QUI S'EST PASSÉ DE PLUS REMARQUABLE DEPUIS LE
11 DE MAY 1647 JUSQUES AU 30 DUDIT MOIS, ET COMME ELLE FUT
RENDUE LE MESME JOUR DE L'ASSENSION DU SAUVEUR PAR LES ARMES
DU ROY SOUBS LE COMMANDEMENT DE SON ALTÈZE IMPÉRIALE LE
SÉRÉNISSIME ARCHIDUC LÉOPOLDE; ENSEMBLE LA REPRISE DU BOURG
ET CHASTEAU DE COMINES.

A   TOURNAY

De l'Imprimerie d'Adrien Quinque', (1647).

# AVANT-PROPOS

———

e printemps s'approchant, comme aussi la campagne de ceste année 1647 en laquelle sembloit que les plus grands desseins des François visoient vers l'Espagne et l'Italie, pour les préparations qu'ils faisoient par Mer, qui estoient très-grandes, comme pareillement pour avoir déclaré le Prince de Condé Vice-Roi de Catalogne, et Général de la Mer Méditerranée; luy enchargeant qu'avec grande diligence il passast vers ladite Province et Principauté de Catalogne, comme il fit, partant à la fin de Mars. Entre-temps, Son Excellence le Marquis de Castel Rodrigo, Gouverneur général des Pays-Bas, et le duc d'Amalfy avec l'assistance des autres chefs de Sa Majesté, disposèrent les choses nécessaires pour continuer la guerre, voyant que le Roy Très-Chrestien et ses Ministres rejettoient toutes voyes requises pour venir à une paix généralle entre les deux Couronnes. Les Hollandois d'ailleurs tesmoignoient par le bon espoir qu'ils donnoient de leur costé, qu'ils ne permetroient pas d'interrompre les traittez de Paix qu'on avoit ajustez à Monster entre les Députez de Sa Majesté Catholique et les leurs, et qu'on devoit cognoistre qu'il n'estoit pas dans le pouvoir des François (comme l'on croyoit) d'agir en tous costez quand bon leur sembleroit, pour le progrez et grands avantages qu'ils avoient eus les années précédentes dans la Flandre qui sont fort considérables : ains bien qu'on leur osteroit l'opinion qu'ils avoient, que rien ne les pouvoit inquiéter aux endroits des Places occupées en ce Pays. C'est pourquoi les Généraulx de Sa Majesté préparèrent tout ce qui estoit nécessaire pour les prévenir à la sortie de la Campagne, et les obliger d'opérer par nécessité, au mesme temps qu'ils le pouvoient faire par choix, qui est le plus grand advantage qu'on pourroit jamais prétendre ou désirer pour la guerre.

Telles estoient les pensées que nos Généraulx fomentoient en la ville de Bruxelles, où tous s'estoient assemblez vers la fin de Mars : et comme au commencement d'Apvril ils eurent nouvelles que Son Altèze Impériale le Sérénissime Archiduc Léopolde estoit arrivé dans Andernach, destiné de Sa Majesté au gouvernement des Pays-Bas au mesme temps pour ceste arrivée demeurèrent suspenduës toutes les résolutions qu'ils pouvoient avoir prises, tant que sadite Altèze arrivast à Bruxelles. Les susdits Généraulx, avec grand nombre de Noblesse du pays, l'allèrent rencontrer à Namur pour l'informer de l'estat présent de toutes les affaires, afin qu'il luy pleust d'ordonner ce qui seroit de sa plus grande satisfaction pour le pouvoir exécuter. Lors Son Altèze, pour le mieux mettre en effect, prit résolution d'aller à Bruxelles sans y vouloir faire son entrée solennellement, pour éviter toutes sortes de compliments pour lesquels il falloit trop de temps pour satisfaire à tous. Néantmoins, la ville ne laissa pas de tesmoigner la grande alégresse qu'elle avoit pour son arrivée et toute la Bourgeoisie ayant sortie en armes pour le devancer hors de la porte de Namur, où se trouva le Magistrat en Corps qui l'alla recevoir, luy présentant les clefs et avec icelles leurs cœurs qui furent captivez à la seul veuë de Son Altèze, pour la douceur et affabilité avec laquelle il remercia le tesmoignage de leur grande affection ; qu'ils ont encore continué et publié en trois nuicts continuelles par démonstrations et feux de joye qu'ils firent par toute la ville.

Au mesme temps que Son Altèze fut entré dans sa Cour de Bruxelles, il ne pensa pas à son repos pour le long voyage qu'il avoit fait, ains bien à faire haster la sortie de la Campagne, laquelle estoit préméditée comme il est dit, avec tout le secret possible, non sans grandes difficultez, à cause des moyens qui manquoient, pour à quoy prévenir, il traicta avec les personnes de négoces qu'il avoit fait venir d'Anvers, pour en soliciter les effects, par son crédit et authorité : les obligeant d'anticiper tout l'argent nécessaire pour ladite sortie. Ce qui fut fait au contentement de Son Altèze et des susdites personnes : et le tout estant ainsi conçeu, Son Altèze commanda à tous les Chefs de Sa Majesté de luy vouloir donner leur advis vers où et comment on assembleroit les forces du Roy, et vers quels endroits on pourroit mieux opérer avec icelles contre les ennemis, lesquels tenoient occupez sur la Lys en la Province de Flandre, les Postes de S. Venant, le Pont d'Elerres, Armentiers, Comines, et Courtray, estant ceste dernière l'espine la plus piquante du cœur de la Province. Puis, ayant bien considéré le tout, on prit résolution d'assiéger Armentiers à cause que d'icelle et de Comines dépendoit celle de Courtray : pour avoir les vivres plus en mains, ce qui fut exécuté bien qu'aucuns chefs estoient d'advis d'aller vers Béthunes pour des raisons fort considérables : avec ceste résolution prise, Son Altèze commanda aux Maistres de Camp Généraux que, pour un tel jour, ils eussent à sortir de Bruxelles avec les autres Chefs de l'armée du Roy, tant ceux destinez contre les Estats d'Hollande (au cas que la guerre eust venu à continuer de ce costé-là) qu'à ceux qui l'estoient contre la France, et qu'ils eussent à marcher vers Tournay qu'on avoit choisie pour place d'armes. Son Altèze Impériale avoit convenu avec le duc de Lorraine que de son armée qu'il avoit aux frontières de Lutzenbourg, vers le Rhin, il luy en feroit advancer huict Régiments d'Infanterie et autant de Cavallerie, pour les faire passer la Sambre et marcher au costé où l'on trouveroit plus convenir, pour mieux faciliter les entreprises, et cela fut exécuté promptement par l'ordre de Son Altèze de Lorraine qui fit marcher sesdites trouppes vers l'armée du Roy.

Au mesme temps, Son Altèze Impériale commanda au Marquis de Caracène, Maistre de Camp général contre la France, de faire assembler ses trouppes, des garnisons de Grandmont, Audenarde, Saint-Amand, Aloste, Tournay et Lille, avec tout le secret possible, ce qu'il fit avec tant d'addresse que, sans avoir esté ouy aucun bruit de ceste Marche, il arriva le Vendredy dixiesme de May à Tournay, par laquelle il passa la nuict avec cinq Régiments Espagnols et trois des autres nations avec les trouppes de Cavallerie du Comte de Buquoy qui passèrent toutes par Lille le jour suivant de grand matin, marchants vers Armentiers : le mesme Vendredy partit de Bruxelles le Baron de Becq, par ordre de Son Altèze avec le gros de l'armée, comme on verra dans la relation suivante.

Son Altèze en qui reluit une insigne Piété sçachant bien qu'on ne doit rien entreprendre sans implorer premièrement le secours et assistence du Ciel, ordonna à l'Archevesque de Malines que pour le 12 de May il fist faire une Procession générale en laquelle Son Altèze voulut assister, donnant grand exemple de piété et de dévotion à toute la Cour, et au peuple de Bruxelles, et que durant huict jours divers, on fist continuer des Prières particulières dans l'Eglise de Saincte Goule et autres Paroisses et Cloistres de la ville pour le bien public et prospérité des armes du Roy.

Le jour suivant treiziesme de May, Son Altèze partit de Bruxelles pour le Camp accompagné du Duc d'Amalfy, Gouverneur des armes, après que Son Excellence le Marquis de Castel Rodrigo en fut sorty le jour auparavant pour assister Son Altèze de leur Conseil, désirant, chacun de son costé, contribuer au succez et service de Son Altèze lequel arriva le mesme jour à Ath et le lendemain à Tournay, d'où il partit pour Lille avec toute sa Cour.

# JOURNAL

*Du Siége de la Ville d'Armentiers, de tout ce qui s'est passé de plus remarquable depuis le 11 de May 1647 jusqu'au 30 dudit Mois, et comme elle fut renduë le jour de l'Assension du Sauveur par les armes du Roy soubs le commandement de Son Altèze Impériale le Sérénissime Archiduc Léopolde.*

Le Marquis de Caracène, Maistre de Camp général du Roy, arriva le Samedy 11 de May à la veuë de la ville d'Armentiers, à cinq heures après midy avec cinq mille hommes d'Infanterie, et les trouppes de Cavallerie du Comte de Buquoy, qui occupèrent le Poste du village d'Arquinghem, à demie heure de la ville. Au mesme temps, elle fut investie de tous les costez, barricadans tous les chemins et advenuës dès ennemis, si bien en dehors. comme du costé de la ville, par des coupures d'arbres, qu'on mit à travers desdits chemins avec plusieurs retranchements, pour s'asseurer contre eux, et poüvoir commencer à tirer la ligne de circomvalation du costé d'Arquinghem quartier du marquis de Caracène jusques à celuy du comte de Buquoy, sur le chemin d'Arras. En mesme temps, Don Estevan de Gamarra arriva d'Ypres avec bon nombre de gens tirez des garnisons circonvoisines avec son train d'Artillerie, et les Italiens conduits par le Maistre de Camp, Jean de Ly Ponty, Gouverneur de Menin, du costé de la Flandre, vers la cense de la Motte, puis on dressa les deux ponts de communications sur la Lys. Après que le Marquis de Caracène eut gaigné le village et chasteau de Houplines, situé à demie lieue d'Armentiers, contre ladite rivière, lequel appartient à Madame la Comtesse d'Isenghien, assez fort de soy-mesme et de plus (avec les ouvrages que les ennemis avoient fait) capable d'arrester nostre Armée quelque temps pour le gaigner, néantmoins il fut rendu incontinent à condition que les soldats de la garnison, en nombre de quarante, seroient conduits en toute seureté à Arras, ce qui fut ponctuellement observé.

Ce jour mesme estoit arrivé dans la ville le Régiment de Navarre qui devoit passer la mesme nuict à Courtray avec d'autres trouppes, mais ne pouvant sortir, elles ont servies pour la deffense d'Armentiers jusques à sa rendition. Monsieur du Plessis Bellièvre, Mareschal de Camp et Gouverneur de laditte ville, se trouva bien empesché pour la subite arrivée des trouppes et avantgarde Espagnole, conduitte par le Marquis de Caracène aux environs de laditte ville, ne voulant pas croire qu'on venoit l'assiéger, présupposant que ce fussent les garnisons de Lille et de La Bassée qui venoient faire un ravage du costé d'Arquinghem et la guerre aux vaches. Peu de temps après, sur l'advis qui luy vint du costé d'Houplines, que grand nombre d'Espagnols estoient passez la rivière de la Lys avec six pièces de Canons, et qu'ils estoient empeschez à jetter le pont, il envoya, pour s'asseurer de la vérité, un Officier avec quelques soldats recognoistre, et comme ils luy rapportèrent nouvelles que le tout estoit plus que véritable, ledit Gouverneur, se voyant surpris, voulut tenter de faire sortir Madame sa femme, accompagnée de Monsieur de Gombaut, Intendant pour Sa Majesté Très-chrestienne de la Justice et Finances des pays des contributions; mais il ne le peut faire à cause que tous les chemins estoient occupez par la Cavallerie du Comte de Buquoy, et sa personne logée avec le gros sur le chemin de Béthunes et d'Arras, à un quart d'heure d'Armentiers, ainsi, voyant les Postes prises de toutes parts, et ne doubtant plus du siége, ledit Gouverneur se prépara à la défense, après plusieurs plaintes, de n'avoir esté adverty de nul advis en temps du Mareschal de Gassion qui n'estoit moins surpris, pour n'avoir lui-mesme rien appris de la marche des trouppes de Sa Majesté Catholique: Car ne sçachant de quel costé tourner, il prit résolution d'aller vers Béthunes pour tâcher d'assembler ses trouppes, dépeschant un exprez à Dunkerque au Mareschal de Rantzau, afin qu'avec toutes celles qu'il pourroit joindre, il le vinst trouver du costé du Pont d'Eterres, laissant néantmoins les garnisons voisines munies du nécessaire, comme il fit : et de Courtray ledit Mareschal de Gassion arriva, au Pont à Tersin, le 14 du courant, avec trois cents chevaux où il trouva quelques gardes de Cavallerie de la Compagnie du Chevalier Val dites Manteaux rouges, desquelles un soldat fut tué, les autres laschèrent le pied pour n'estre assez forts, et se retirèrent vers le gros de leur compagnie qui rafreschissoit au village de Sisoing, faisant passage à ce Mareschal qui fit quelques prisonniers particulièrement des chevaux les envoyant à Courtray avec ses trouppes et lui septiesme, au bruit de nos tambours, s'eschappa vers Béthunes, crainte que quelque Infanterie lui eust coupé chemin.

Le dimanche douziesme du courant, le Baron de Becq, avec tout le Corps de l'armée du Roy, passa par Tournay par une pluye et temps extraordinaire tout le long du jour, avec grande diligence pour se joindre aux trouppes du Marquis de Caracène avec le train de l'Artillerie, et toutes les munitions de guerre, conduittes par le Marquis Sfondrato, Général d'icelle avec la Cavallerié du Prince de Ligne, qui logèrent tous aux fauxbourgs de Tournay la mesme nuict, où tout le peuple estoit estonné de ceste subite marche n'en ayant ouy aucun vent.

Le lundi, treiziesme du matin, le baron de Becq fit marcher toute son armée vers Lille avec très bon ordre et disposition, après avoir fait place d'armes auprès du village d'Orques, d'où il fit marcher ses gens quatre heures entières, jusques à Anapes, où il les fit reposer l'espace d'une heure, sur une belle campagne entre ledit Anapes et le Pont à Tersin ; de la, il passa à Lille avec toute l'armée, non sans grande admiration du peuple pour la voir si belle et si puissante, voire mesme estonnez, pour ne l'avoir attenduë sitost : Son Excellence alla loger cette mesme nuict au village de Lomes, appartenant au comte d'Isenghien, après avoir marché six lieuës en diligence avec toute l'armée.

Le mardy quatorziesme de May, à quatre heures du matin, ce Baron, après avoir ouy la Messe audit village, fit advancer son armée deux lieuës à la veuë d'Armentiers où il la fit faire halte quelque temps, tandis qu'il passa au quartier du comte de Buquoy et aux environs de la ville avec le Marquis Sfondrato et le Prince de Ligne, pour s'emparer des lieux les plus avantageux pour y prendre ses Postes : puis il prit sa marche vers la Chappelle de Nostre-Dame d'Armentiers, à un quart d'heure de la ville, par un temps de pluye et de vent extraordinairemen. mauvais, marchant en dépit des Elémens, qui sembloient s'opposer à ses desseins : mais son courage et celuy des soldats, assistez de la grâce de Dieu, surmontèrent la peine à passer les mauvais chemins, qui sont fascheux en temps de pluye pour estre le terroir si extrèmement gras, qu'à peine ils en pouvoient sortir, et particulièrement l'Artillerie de laquelle plusieurs chevaux furent crevez.

Le mercredy quinziesme, ledit Baron de Becq fit travailler aux lignes de circonvallation de son costé, qui commençoient du pont de Houplines jusques au quartier du comte de Buquoy d'une heure de chemin de tour, faisant retourner les paysans (pour soulager ses soldats) qu'on avoit congédié, lesquels avoient achevez les lignes du costé du Marquis de Caracène, qui ne perdit pas le temps à faire commencer ses approches par les Espagnols vers la ville ; mais le Baron de Becq ne tarda pas de mesme longtemps à prendre ses Postes, envoyant le Prince de Ligne avec la Cavallerie occuper le village et chasteau d'Houplines et le Pont de communication audit lieu, pour enserrer tout à fait la ville d'Armentiers. Le Marquis Sfondrato, avec l'Artillerie, se plaça en plaine campagne entre

le quartier du Comte de Buquoy et le Baron de Becq où il fit dresser ses
tentes par aprés. Les quartiers généralement furent disposez à l'arrivée
du duc d'Amalfy pour les attaques de la ville : le Marquis de Caracène
demeura dans son quartier auprez d'Arquinghem avec six Régimens
Espagnols, un de Bourguignons et un d'Anglois, qui occupèrent les lignes
dudit Marquis, jusques au quartier du Comte de Buquoy : ils eurent deux
attaques pour leur part : l'un vers la porte d'Arras et l'autre vers celle
d'Arquinghem. Le Baron de Becq occupa les lignes depuis les susdits
quartiers jusques au Pont d'Houplines, comme il est dit, avec les Régimens Allemands et Wallons, les Allemands estant placez dans la ligne
à un demy quart d'heure de la Cavallerie du comte de Buquoy, jusques
auprès de la Chapelle de Nostre Dame d'Armentiers : les Wallons
depuis ladite Chapelle jusques au Pont d'Houplines ; les Allemands
furent commandez en leur attaque vers la porte de Lille du Marquis
Sfondrato : et les Wallons dans le leur du Prince de Ligne, sous les
ordres du Baron de Becq, estant le tout ainsi disposé, chaque nation
tacha d'advancer ses ouvrages à l'envie, les uns aux lignes et les autres
aux approches, malgré l'inclémence du temps et de la pluye, qui ne cessa
pas tout le temps du Siège que deux jours seulement, que les pauvres
soldats estoient à demie jambe dans l'eau néantmoins tous courageux à
parfaire leurs ouvrages, qui furent assistez aux lignes par les paysans.
Le Baron de Becq prit son logement dans une Cense sur le mesme
chemin de Lille, auprès de laditte Chappelle hors des lignes où il fit faire
des retranchements allentour, et deux bonnets aux costez du grand
chemin, de sorte qu'en ce jour du quinziesme, chacun avoit pris son
quartier, comme avoit fait Don Estevan de Gamarra du costé de la Flandre avec les Italiens vers la Cense de la Motte, qui se retrancha plus que
nulle nation à cause que les François avoient envie de secourir la ville
par son costé ; il fit faire plusieurs poinctes dans ces lignes, munies de
cinq batteries, et les fossez larges de vingt pieds, entourées de fortes palissades, et de deux redoutes au bout, avec leurs batteries du costé du
prez d'Houplines et sur le pied d'un moulin, une autre batterie eslevée
de douze pieds avec son fossé et contrescarpe entourée de mesme de
grosses palissades, à un traict d'harquebuse hors des lignes, où une
Compagnie d'Italiens faisoit journellement la garde, et auprès un corps
de garde de Cavallerie pour la soustenir. Pendant tout ce temps-là, l'ennemy ne cessa de son costé à fortifier la ville par dehors adjoustant à
chaque demie lune des portes, un esperon avec sa contrescarpe entourée
aussi d'une haute et forte palissade. Le Gouverneur continuoit à **faire**

brusler les maisons à demy quart d'heure de la ville pour empescher nos embuscades.

Le mesme jour quinziesme, l'ennemy commença à tirer pour bon son Artillerie, une pièce à la fois pour n'y en avoir qu'onze en toute la ville, et la plus grande de douze livres de balle de calibre, les autres de huict, de cinq et de trois. Celles de huict et de trois pour n'avoir des balles de fer tiroient avec des balles de plomb que les François firent remplir de briques pour amoindrir leur poids. La garnison estoit de 2.600 hommes, avec ceux qui estoient survenus pour Courtray. Les assiégeants respondirent du costé des trois moulins vers la porte de Flandre de la batterie de Don Estevan de Gamarra : et du costé de la porte d'Arquinghem et d'Arras par celle du Marquis de Caracène : les batteries du Marquis Sfondrato et du Prince de Ligne ne furent pas achevées jusques au dimanche suivant dixneufiesme dudit mois, à cause du mauvais temps et pour n'estre arrivez que trois jours après le Marquis de Caracène.

Le jeudy seiziesme, on continua les ouvrages de tous costez faisant des retranchements contre la ville pour donner ouverture aux boyaux pour les attaques des Allemands et Wallons : comme les Espagnols avoient desjà commencé de leur costé. Le Duc d'Amalfy vint, pour la seconde fois, voir les ouvrages et donner ordre à tout pour les bien faire advancer selon le désir de Son Altèze qui devoit venir bientost les voir en personne. Son Excellence disna chez le Baron de Becq ; et, de là, il retourna à Lille, avec un temps et pluye extraordinaire, pour informer sadicte Altèze de tout.

Le vendredy dix-septiesme, les François firent leur première sortie en plain jour, à douze heures du midy contre les approches des Wallons du costé de la porte d'Houplines nommée de la Croix, chemin de pied qui va aussi vers la Chappelle de Nostre Dame d'Armentiers, où estoit une Compagnie de garde du Régiment du Comte de Brouay, soustenue d'une autre de Cavallerie du Baron d'Esse, frère du Comte de Grobendonc. Les Suisses sortirent plus de trois cents en nombre, s'advançans en bon ordre à la faveur des diques et fossez à demy couverts, d'où ils sortirent avec 40 maistres moytié de leur Cavallerie conduite de Monsieur de Beauvois, pour attaquer les nostres furieusement, qui les receurent avec grand courage et valeur, escarmouchant de part et d'autre, les uns pour gaigner le Poste susdit et les autres pour le maintenir. Ceste escarmouche dura une bonne heure où le baron d'Esse fit des mieux pour soustenir l'Infanterie contre les Suisses, quelque fois repoussé d'eux et d'autres les repoussant, et par trois diverses fois chargèrent les nostres de mousquetades ; puis avec leurs espées à deux mains, à droite et à gauche, se deffendirent valeureusement secondez de leur Cavallerie. Ce que voyant, ledit Baron poussa son cheval au milieu d'eux avec un tel courage, qu'à brusle pourpoint il tua le premier qu'il rencontra, mais, parmy la meslée, son cheval ayant la jambe rompue d'un coup de mousquet, il luy causa une chute, et tomba ès-mains des ennemis, cependant arriva le Lieutenant de Cavallerie de Don Diégo Colas avec sa Compagnie, et autre Infanterie pour le secourir, lequel voyant emmener ledit Baron prisonnier, s'escria à ses soldats : Courage, fonçons dedans pour délivrer ce brave capitaine ; en laquelle occasion arriva le comte de Brouay avec partie de ses gens au secour : lors ledit Lieutenant chargea de nouveau l'ennemy, et délivra des mains des Suisses ledit Baron d'Esse, tuant celuy qui le menoit prisonnier, laissant de part et d'autre quelques morts sur la place ; mais sa personne fut blessée griefvement, demeurant néantmoins maistre de la Campagne et du Poste. Les Suisses se retirèrent menant cinq ou six soldats prisonniers, et un Capitaine d'Infanterie blessé, laissant aussi plusieurs de leurs morts qu'ils retirèrent aussitost, et entre autres un officier de marque qu'ils ont traisné entre nos coups de mousquets dans leurs fortifications à la veuë de nos soldats. Le gouverneur d'Armentiers qui se trouva en ceste escarmouche, dit de n'avoir jamais veu un plus courageux Espagnol que le Chef de la partie adverse. Monsieur de Mogré, qui se trouva à la veuë de ceste attaque, dit qu'il falloit plutost mourir qu'abandonner le Poste.

Le samedy dixhuictiesme, les Wallons firent quelque retranchement sur le chemin d'Houplines à l'opposite de la porte de la Croix, lieu du susdit combat, pour couvrir désormais leurs ouvriers dans les boyaux, en mesme temps les assiégez en firent un autre à l'entour d'une brique-terie voisine à leur contrescarpe, crainte que les Wallons ne s'en saisissent. En ceste mesme nuict, les Espagnols s'advancèrent dans leurs boyaux, avec grand avantage sur les ennemis, deux soldats seulement y demeurant tuez et peu de blessez. La maison du Gouverneur fut percée d'un coup de canon de leur batterie, comme avoit esté celle de l'Intendant quelques jours auparavant, et les Allemands travaillèrent de mesme à leurs approches, sans perte de gens, à la faveur de nostre Cavallerie.

Le dimanche dixneufiesme, de grand matin, la batterie du Marquis Sfondrato fut achevée à un traict d'harquebuse de la Contrescarpe qui salua furieusement l'ennemy avec deux demy canons et trois quarts de canons, faisant voler en l'air plusieurs palissades et briques des redoutes, placées dans les demies lunes qui tuèrent bon nombre des ennemis, em-

portant des bras et des jambes, un manteau rouge mesme fut emporté
en l'air par le vent d'une balle. La batterie du Prince de Ligne fut achevée en mesme temps, qui fit grand effect de son costé aux mesmes palissades, faisant grand domage aux ennemis. Ceste nuict, les approches
s'advancèrent de tous costez, un Connestable de ceste batterie eut la
teste emportée d'un coup de canon de l'ennemy, quelques simples soldats
furent blessez et fort peu de tuez.

La nuict du vingtiesme, le Marquis de Caracène fit approcher ses deux
batteries plus prez de la Contrescarpe, l'une des quatre pièces du costé
de la porte d'Arras et l'autre de trois vers celle d'Arquinghem, qui firent
grande ouverture aux palissades pour l'entrée des approches aux Espagnols, qui taschèrent d'estre les premiers : les Allemands et Wallons
s'advancèrent aussi de mesme pour ne demeurer les derniers, quoy qu'ils
ne fussent arrivez au Camp que trois jours après les Espagnols.

Le mardy vingt et uniesme, Son Altèze Impériale arriva de Lille au
camp pour voir la disposition du siège, accompagné de Son Excellence le
Marquis de Castel Rodrigo, du Duc d'Amalfy, et grand nombre de Noblesse, il entra dans les lignes de circonvalation par le quartier du Baron
de Becq, qui estoient ornées de plusieurs esquadrons, tant de Cavallerie
que d'Infanterie, selon les dispositions des quartiers, qui luy firent trois
saluës de suitte secondées de cinq batteries, avec grand applaudissement
et réjouissance de tous les soldats, voyant leur Prince tant désiré. Sa
seule présence les animoit grandement, et tesmoignoit à tous d'estre sa-
tisfaict de leur mutuelle acclamation par sa réciproque bénévolence et
douceur : il alla voir la batterie du Marquis Sfondrato, puis il entra dans
les boyaux pour voir le pont que ledit Marquis avoit fait dresser sur un
fossé large de vingt cinq pieds, avant de pouvoir arriver vers la Contrescarpe, où Son Altèze congratula les soldats du bon debvoir, faict par
leurs travaux. Il fit le mesme aux autres batteries et boyaux du costé du
Marquis de Caracène et ayant veu le demy tour des lignes, fortifications,
et approches, du costé du Midy, il disna au quartier du Marquis de Caracène où il fut traicté selon la commodité de la campagne, demeurant
satisfait du bon accueil qu'on luy avoit fait. Après le disner, Son Altèze
alla voir les lignes et retranchemens du costé de la Flandre passant le
pont sur la rivière de la Lys, au quartier de Don Estevan de Gamarra, où
les Italiens avoient leur Poste à la veuë des ennemis de la ville, qui le
saluèrent avec leur artillerie de bonne façon, présumant que c'estoit
l'Archiduc qui passoit à cause des saluës précédentes du matin, comme
de celles qu'on luy faisoit actuellement en passant, personne néantmoins

ne fut touchée de leur Canon. Son Altèze visita tous ces retranchemens, si bien en dedans comme en dehors qui estoient bien forts et réguliers, comme nous avons dit cy-dessus, contre le secours des François. Puis il passa le second pont sur ladite rivière du costé d'Houplines, pour parfaire le tour des lignes, allant voir la batterie du Prince de Ligne au quartier des Wallons, où sa Cavallerie et les dits Wallons estoient en esquadrons, qui luy firent les trois saluës de mesme comme au matin secondées de sa batterie, demeurant fort satisfait du travail des soldats par la bonne conduitte de leur chef, qui, en un temps si mauvais, s'estoient advancez si près de la ville, embourbez par la boue et la fange de leurs boyaux, jusques à demy-jambes : car pour le mauvais temps, les Italiens ne sçeurent parfaire leurs approches du costé de la Flandre, sur la dique du grand chemin qui va vers Baillœul : à cause que les François avoient arresté les eauës à Comines, par où passe la Lys, de sorte que les prets s'estoient remplis pour le débordement de la rivière jusques audit chemin de leurs approches ; ce que voyant, Don Estevan de Gamarra qui commandoit à ce quartier, fit fortifier et redoubler ses retranchements en dehors, comme nous avons dit, avec double palissade d'un costé. Son Altèze ayant achevé son tour et passé le quartier des Allemands, on luy fit une dernière saluë générale, secondée de rechef de la batterie du Marquis Sfondrato ; et parmy les mousquetades, un Page du Marquis d'Aiseau fut tué, tombant de son cheval mort sur la place, par malheur ou mesgard d'un soldat qui tenoit son mousquet trop bas. De mesme, le cheval d'un autre cavalier de la suitte de Son Altèze fut blessé Saditte Altèze, sortant des lignes, alla soupper chez le Baron de Becq, sous une grange préparée à ceste fin, ornée de verdure à la façon de la campagne, où il fut traitté splendidement, comme aussi Son Excellence le Marquis de Castel Rodrigo et toute la suitte et la Noblesse qui avoient un autre lieu pour cela proprement préparé : puis, sur le soir, vers les sept heures, Son Altèze alla coucher à Lille ; la mesme nuict, les attaques de tous costez furent advancez avec perte de peu de gens.

Le mercredy vingtdeuxiesme, la nuict, les Wallons, animez par la présence de Son Altèze qui les avoit tesmoigné tant d'affection le jour précédent, voulurent s'advancer sans boyaux contre la Contrescarpe, ce qu'ils firent à corps descouvert , plus de cinquante pas, conduits d'un vaillant Ingénieur, nommé Bassillon, François de nation, qui leur marqua un retranchement pour se couvrir contre l'ennemy et pouvoir poursuivre leurs boyaux par après, non sans danger de sa vie, comme aussi des soldats, desquels partie furent tuez et partie blessez du Régiment du Comte de Brouay, qui estoit de garde à ceste attaque avec une Compagnie de Cavallerie renforcée d'une autre.

Les Allemands de mesme s'advancèrent sans faire grand bruict, soustenus de la Cavallerie qui estoit aux aguets contre la sortie des François. Le Marquis Sfondralo qui se trouva toutes les nuicts présent aux approches des boyaux, fit poser une sentinelle perduë hors des ouvrages, avec quelque défense, où il y avoit une ouverture ronde de la largeur d'un poing pour pouvoir recognoistre les ennemis sortants de leurs travaux, lesquels l'avoient desjà recognus de jour : ladicte sentinelle fut tuée par le mesme trou d'un coup de mousquet au front, sans avoir peu parler. Un autre, par après, fut mis en sa place, lequel, avec plus de prévoyance, se retira plus derrière, descouvrant assez l'ennemy s'il eut sorty : mais il ne laissa pas de recevoir un coup de fusil au bras par la dextérité des tireurs François, favorisez de la clarté de la nuict : de quelques Allemands furent tuez trois soldats et un officier.

Les Espagnols, à l'envie, travaillèrent à qui mieux-mieux pour estre tousjours les premiers, desquels aucuns se signalèrent pour advancer les boyaux, conduits d'un courageux Ingénieur, lequel fut tué d'un coup de mousquet, aux approches de la porte d'Arras, fort regretté de tous pour son courage et valeur. L'Ingénieur Massu, nouvellement arrivé de Bruges, entra dans sa place, qui s'acquita très bien jusques à la fin du siége : ceux de la porte d'Arquinghem n'en firent pas moins pour esgaler les autres par leurs approches, tous commandez du Marquis de Caracène duquel dépendoient ces deux attaques : qui, toutes les nuicts, ne manqua pas de les aller voir, pour encourager ses soldats ; soustenus jour et nuict de deux Compagnies de Cavallerie comme les autres.

Le jeudi vingt troisiesme sur les cincq à six heures du soir, le comte de la Motery avec son Terce, entra dans les retranchemens de garde, ayant chasque officier et soldat sa fascine et quantité de petits gabions pour continuer le travail avec dessein d'emporter la poincte que les ennemis avoient à leur Contrescarpe ; auquel effect il envoya le Prince de Ligne qui commandoit au quartier des Wallons, afin d'en avoir la permission, et pour obtenir toute chose nécessaire pour l'exécuter, ce qu'ayant entendu, ledit Prince se transporta incontinent dans les boyaux pour recognoistre si la chose pouvoit réussir, et ayant le tout bien considéré, fut de mesme advis ; de sorte qu'il envoya trouver le Baron de Becq, pour lui donner part de son sentiment qu'il n'aprouva pour lors à cause qu'il y avoit desjà résolution prise au conseil de guerre d'attendre que les attaques se communiquassent pour donner de tous costez en mesme temps à leur Contrescarpe.

Or, cela estant ainsi arresté, on en demeura là, et l'on se contenta d'a-
vancer les ouvrages avec diligence. Et comme les nuicts auparavant les
ennemis à chasque moment, faisoient mine de faire des sorties par des
cris continuels qu'ils faisoient esclater, ils continuèrent encore celle-cy.
Ledit comte, pour ne point tousjours estre obligé de faire demeurer les
soldats sur les armes, pour leur donner temps de travailler, fit advancer
des sentinelles perduës jusques sur le bord de leur Contrescarpe, afin de
pouvoir estre adverty en temps, si les assiégez venoient à faire quelques
sorties, lesquels, un peu après minuict, sautèrent de leur ouvrage environ
trois cents hommes à la fois avec grand bruict qui estoient disposez ainsi
que s'ensuit : A la teste de ceste trouppe, il y avoit grand nombre d'hommes
avec chacun une pannelière à leur costé, remplie d'une demy douzaine de
grenades, et une à la main droicte, et à la gauche la mesche preste à
mettre le feu, estant entremeslez d'autres avec force saucisses, et une
autre partie armez de faulx, et fléaux d'armes : le demeurant estant tous
bons fuseliers et mousquetaires qui suivoient en gros ; leur Cavallerie
estant à cheval pour soustenir cette trouppe ayant, au préalable, vuidé
prez de deux pièces de vin, vinrent avec grande résolution fondrè sur nos
travailleurs, et nos sentinelles perduës n'ayant peu prendre le temps d'en
advertir, furent la pluspart coupées dehors des places d'armes, où estoit
leur rendez-vous. Les ennemis venans à corps perdus, a la miséricorde
de nostre mousqueterie, avancèrent jusques à nos places d'armes, et nous
incommodèrent grandement, et en telle sorte qu'il n'y avoit coing ni
recoing où on pouvoit tenir en asseurance : ce qui effraya et donna une
terreur merveilleuse à nos soldats, les Officiers ayans de la peine de les
tenir en leur devoir, ce qu'ils firent néantmoins du depuis avec grand
courage, comme je diray cy-après : et pour achever de nous peindre une
grenade des ennemis, tomba dans un de nos tonneaux de pouldre qui
sauta avec environ trente grenades qui estoient auprès emportant et gas-
tant quantité d'Officiers et soldats, les uns ayans le visage et les mains si
fort bruslez qu'on ne les recognoissoit point : les autres, les bras, les
jambes et les testes cassées des grenades, entre autres le capitaine Fiésez
qui, estant armé à l'espreuve, fut emporté en l'air, et brisé de telle sorte,
qu'on ne trouva, le matin, que le cranne de la teste et quelques pièces de
l'une de ses jambes, que l'on mit dans une petite mandelette de balles de
mousquet, qu'on porta en l'église d'Houplines où le tout fut enterré et six
jours après sa mort, le reste de son corps fut trouvé sur un prez joignant
la rivière, lorsque l'on parlementoit pour la rendition de la ville. Le Capitaine Dubreucq estant près de luy desjà blessé d'une grenade à la face,

l'espée à la main pour animer les soldats, reçeut un autre coup de grenade à l'espaule restant bruslé et meurtry de la mesme poudre, et tost après eut encore le col percé d'une balle de mousquet sortant par le dos à la première vertèbre, à cause de quoy il fut ramené au quartier pour estre pansé. Ce grand bruict et confusion n'espouvanta pas seulement les nostres, mais aussi les ennemis qui ne sçavoient qu'en penser, si bien qu'à leur tour, elle se mesla parmy eux, de sorte que ledit Comte avec son Mayor nommé du Terne, et tous les Officiers et soldats s'opposèrent avec tant de courage aux ennemis, qu'ils les obligèrent (après avoir esté maistres quelque temps de quelques-uns de nos ouvrages) à se retirer avec grande perte des leurs. Nostre Cavallerie qui avoit la garde vint pour nous seconder, mais elle ne peut lors agir pour la grande quantité de fossez qu'il y avoit à passer. Le comte de la Moterie donc poursuivant sa pointe (après avoir fourré l'espée dans le ventre à un Officier François) se trouva engagé parmy eux, et l'on tient que le susdit Major le desgagea et le mescognoissant d'abord, il le blessa légèrement au bras, croyant qu'il fust ennemy; à cette retraitte, les François trouvèrent le Capitaine de Vaux qu'ils ramenèrent prisonnier dans la ville, comme aussi le Capitain Minos, mais ils emportèrent celuy-là pour ce qu'il estoit mortellement blessé, et mourut le jour de la rendition de la place. Pendant le siége sont morts cinq Capitaines et deux blessez, les tuez sont les sieurs d'Utrewicq, Bick, Fiesez, Briquet et Minos; les blessez, les sieurs du Breucq, et de Bicquer, un Alfere tué, et un autre reformé blessé à la mort, et un Sergeant; les soldats sont en grande quantité, sans sçavoir encore au vray le nombre. Ce régiment a paty le plus de tous pour la perte de gens qu'il a faite. Les François de mesme perdirent bon nombre de gens qu'ils retirèrent à la faveur de la nuict : Et non contens d'avoir attaqué les Wallons, ils allèrent, teste baissée, donner sur les Allemands, guère loing de là (qui se devoient joindre avec les Wallons par leurs testes de boyaux à une mesme porte et demie-lune). Lesquels ayans eu le vent par leurs sentinelles perduës (tant de Cavallerie que d'Infanterie) sortirent des boyaux, et se mirent en place d'armes attendans les François de pied coy, et les voyant en si bonne posture, n'osèrent les attaquer, ains retournèrent bien viste dans leur Contrescarpe. Dans le malheur susdit des grenades, l'ingénieur Bassillon fut tué d'une d'icelles ayant esté touché au front.

La mesme nuict, les François firent une autre sortie sur les ouvrages des Espagnols du costé de la porte d'Arquinghem, où le Régiment de Don Francisco d'Essa estoit de garde, avec des faulx tranchantes, qui firent

bien du dommage aux nostres, secondez de leur Cavallerie, puis ils défirent quelque partie de nos ouvrages, mais furent repoussez par lesdits Espagnols avec perte de leurs gens. Quelques blessez des nostres furent menez à Lille : Barnabé de Bargas estoit de garde avec son Terce dans l'attaque du costé de la porte d'Arras, ou il demeura deux fois vingt et quatre heures, à cause qu'on avoit envoyé bon nombre des gens des quatre autres Régimens Espagnols du costé de la Flandre, avec quelques Bourguignons du Régiment du Marquis de Diène, secondez des Anglois, sur l'advis que le Marquis de Caracène avoit reçeu que les Mareschaux de Gassion et Rantzau avoient envie d'attaquer nos lignes de ce costé-là. Ils firent encore la mesme nuict leurs efforts sur les Allemands une heure devant le jour du lendemain, jettans plusieurs grenades dans leurs boyaux, où ils blessèrent bon nombre de nos soldats, cinq Capitaines-Lieutenants furent tuez et deux blessez. Un Capitaine nommé Vanderlinden, du régiment de don Jean de Mauroy, fut tué, et porté aux Carmes Deschaussez de Lille où il fut enterré. Le colonel Donato Alemany fut blessé à la joue la nuict auparavant, mais sans danger, en soustenant son attaque qui, courageusement, obligea l'ennemy de se tenir enserré dans sa Contrescarpe sans qu'il osast sortir. Les autres régimens d'Allemands du Comte d'Isenbourg, Pottelberg, Mouroy, Comte de Ridberg, et Baron de Berlo, se sont comportez valeureusement à leur tour aux attaques de la nuict, particulièrement le Lieutenant-Colonel Cachaguerra, et le Sergeant Mayor de Potelberg.

Le Vendredy 24 de May Son Altèze Impériale retourna pour la seconde fois au Camp pour la nouvelle qu'il avoit euë que les François s'approchoient de nos lignes du costé de la Flandre, comme en effect, ils parurent tout le long du jour, depuis le grand matin, à la portée du canon sur le grand chemin venant d'Eterre, du costé du village de Nieppe, tirant vers Warnêton, et furent saluez par nos batteries posées en divers endroits de nos lignes; Son Altèze en sortit dehors vers eux, accompagné du Duc d'Amalfy, Baron de Becq, Marquis de Caracène, Comte de Buquoy et autres Chefs de guerre avec quelques gros de Cavallerie, mais l'ennemy ne les attendirent pas, et les nostres en les poursuivants, escarmouchèrent quelque temps avec des parties de leur arrière-garde, et firent quelques prisonniers François; d'autres se vindrent rendre volontairement, qui nous ont asseuré que les trouppes Françoises ne consistoient qu'en sept mille hommes, tant Cavallerie qu'Infanterie, avec deux pièces d'Artillerie, et que le Mareschal de Gassion vouloit attaquer nos lignes pour tenter de secourir les assiégez, mais que le Mareschal de Rantzau avec autres Chefs de guerre ne furent de cest advis, ains délaissant nos lignes, marchèrent droit vers Warneton, Comines et Courtray, vers les cinq à six heures du soir, pour pourveoir lesdites places du nécessaire, tenants ousjours le grand chemin sans le quitter à cause des fossez qui le fortifient, et deux jours après, ils retournèrent par le mesme chemin, vers le Pont d'Eterre et Saint-Venant. Son Altèze Impériale retourna dans les lignes, faisant retirer ses troupes de Cavallerie le mesme soir, puis alla de rechef veoir nos approches et batteries, compatissant à la peine des soldats, les voyant travailler demy-jambes dans la bouë, comme il est dit encor, pour la continuation du mauvais temps ; il donna aux Canoniers et ouvriers de chaque batterie, sept pistoles, et aux soldats de l'Infanterie, dix solz chacun attendants la paye générale, et voulant entrer plus avant dans les boyaux, le Duc d'Amalfy le pria de ne passer plus outre à cause des fréquentes mousquetades de l'ennemy, et en effet, un boulet frisa le cordon de son chapeau. Le Capitaine Acosta, Espagnol, qui estoit de garde aux boyaux, eut ordre du Duc d'Amalfy de ne quitter son Altèze tandis qu'il alloit visiter les ouvrages en teste desdits boyaux du costé de la porte d'Arras, ledit Capitaine, voyant le danger où l'Archiduc estoit, le supplia bien humblement de vouloir descendre dans la tranchée, pour garantir et asseurer sa personne des périls des mousquetades, de laquelle il avoit le soing, qui estoient si fréquentes que le chien de Son Altèze sortit en haut de la tranchée, courant après les boulets, donnant sujet de rire à ceux qui le regardoient ; puis, Sadiite Altèze descendit dans les boyaux à la requeste du Capitaine en se sousriant, desquels il sortit lors du Duc d'Amalfy pour retourner à Lille, et donna ordre à ce Duc de faire apprester son quartier, pour le lendemain dans le Camp, ce qui fut fait ponctuellement.

Le susdit Capitaine Acosta, estant de garde la mesme nuict précédente avec son Régiment au mesme endroit, usa d'une ruse contre la sortie des François sur les ouvriers, commandant à tous les soldats de sa compagnie de se jetter le ventre par terre avec leurs armes sans dire mot, mais les François venans s'advancer du costé desdits boyaux, le malheur voulut qu'un d'eux, tournant la teste, prit garde à quelque mesche allumée des Espagnols ; et, craignant l'embuscade, advertit son Commandant, qui fit retirer ses gens en diligence dans la Contrescarpe sans rien effectuer. Les Espagnols se remirent pareillement en leur poste pour soustenir les ouvriers.

Cependant, les tentes de Son Altèze furent dressées au quartier du Comte de Buquoy, entre le Régiment des Bourguignons du Marquis de

Diène, et le Régiment d'Espagnols de Don Gabriel de Tolédo, et la Cavallerie du Comte de Buquoy, au milieu sur le grand chemin de Béthune et
d'Arras, où le Duc d'Amalfy avoit aussi pris son quartier, ledit Comte n'a
pas laissé un seul jour d'agir continuellement tout le temps du siége, faisant battre l'estra de nuict et jour par sa Cavallerie, pour recognoistre
l'ennemy, et deffendre les advenuës aux lignes de communication, tantost
dans un quartier, et tantost dans un autre, donnant ordre aussi aux con-
voys pour les nécessités de l'armée, par son Lieutenant général Don Antonio de la Cuéva, et le Commissaire général, faisant aussi renforcer les
gardes de Cavallerie aux attaques du Marquis de Caracène contre la ville
pour soustenir l'Infanterie : comme fit de son costé le Prince de Ligne
avec son Lieutenant général Don Francisco Pardo, et le Commissaire
général Louis Cayro du costé des attaques du Baron de Becq et contre le
secours que l'ennemy avoit tenté sur le quartier de Don Estevan de
Gamarra où estoient les Italiens avec Jean Delli Ponty, Gouverneur de
Menin.

Le mesme jour vingt-quatriesme du soir, le Baron de Crèvecœur, Gouverneur d'Avesnes, entra de garde avec son Terce de Wallons dans leur
attaque, renforcé de celuy du Comte de Brouay et de Clève, faisant
advancer les boyaux de la mesme nuict plus de vingt pas sans perte de
gens, seulement de quelque peu de blessez, ayant pour conducteur l'Ingénieur Jean de Nève qui succéda à Bassillon. Dans les attaques des
Allemands, le leur fut blessé, qui fit des mieux pour sa première campagne, ce qui donna sujet de bien espérer de luy pour l'advenir. Le Lieutenant Général d'Allemands, surnommé Cachaguerra, fit aussi des mieux
en l'occasion, faisant l'Ingénieur, le Soldat, et le Commandant en un
mesme temps avec grande satisfaction du Marquis Sfondrato, Général de
l'Artillerie, qui, toutes les nuicts, se trouva dans les tranchées des boyaux
depuis les neuf heures du soir jusques à sept du matin et plus, pour
donner ordre à tous les soldats de son attaque, et les bien faire travailler
en sa présence ; car luy mesme portant la fascine sur les boyaux, puis la
besche en main pour leur donner bon exemple, monstroit par où il falloit
ouvrir la tranchée : puis il fit advancer sa batterie de cinq pièces la
mesme nuict à la portée du pistolet de la Contrescarpe.

Le Samedy vingt-cinq le Prince de Ligne, dans son attaque, n'aban-
donna jamais les boyaux, ains y demeura toutes les nuicts sans reposer,
pour tant plus obliger les soldats de s'advancer genéreusement vers
l'ennemy : cependant, les François faisoient grand dommage dans nos
boyaux, à ce qu'on disoit, des fenestres du collége des Pères Jésuites

d'Armentiers qui pouvoient découvrir aisément dans iceux, ce que
voyant, le Prince de Ligne fit pointer son canon vers lesdites fenestres, y
faisant tirer plusieurs coups, mais lesdits Pères Jésuites ont asseuré depuis
ne les avoir pas veu tous, mais bien que le Gouverneur y alloit quelque
fois pour voir les sorties de ses yeux, accompagné de quelques Officiers
pour recognoistre nos approches ; le mesme firent les batteries du Marquis
de Caracène dans le cloistre des Birgittins, du costé de la porte d'Arquinghem, et dans celui des Capucins, vers la porte d'Arras, ces couvents
estans au pied des remparts desdites portes et surpassans en hauteur
toutes les autres maisons de la ville. Les Espagnols s'advancèrent la
nuict de mesme à leur grand avantage, sans avoir perdu grand nombre
de gens que deux ou trois blessez seulement, et un Capitaine tué du
Régiment de Barnabé de Borgas, nommé Don Rodrigo Zavallos, qui fut
enterré aux Carmes Deschaussez de Lille.

Cette mesme nuict, un Sergeant de la Compagnie du Gouverneur se
vint rendre du costé des Allemands, lequel fut mené au Marquis de
Sfondrato qui estoit dans les retranchemens de ses approches, lui disant
que la ville ne pouvoit pas tenir que trois ou quatre jours, faute de
poudre, et qu'on faisoit sortir les soldats à coups d'espées aux attaques
par force ; adjoustant qu'il se rendoit pour l'affection qu'il avoit au Pays et
pour s'estre marié à Bruxelles du temps que le Duc d'Orléans y estoit et
ledit Marquis envoya ce Sergeant au Baron de Becq.

Le dimanche vingt sixiesme du soir, le Régiment de Don Gabriel de
Tolédo entra de garde dans les boyaux de l'attaque de la porte d'Arras,
le Régiment de Don Fernando Solez avec un autre dans celui d'Arquinghem. Les François firent encore une sortie du costé de la dernière porte
défaisans quelque peu de leur travail, où quelques soldats furent tuez et
trois blessez, l'ennemy fut repoussé dans son retranchement d'un esperon
attaché à sa demie lune avec perte de ses gens attaquez de notre Cavallerie que soustenoit l'Infanterie, auxquelles occasions se trouvèrent sou-
vent les compagnies des Comtes de Falais, Renebourg, Waroux, Baron
de Lemberg, Lovigny, et autres, selon le tour de leur garde, s'acquittans
des mieux en leurs attaques ; en la susdite nuict, un Officier François de
considération fut tué pour lequel l'ennemy avoit demandé un demy quart
d'heure de tresve pour le retirer avec quelques autres blessez. Du costé
des Allemands, deux Capitaines du Régiment de Potelberg furent tuez et
deux blessez avec autres bas Officiers et soldats des Régiments de Monroy
et de Berlo, joints au premier susnommé de Potelberg. En l'attaque des
Wallons estoient de garde le comte de Lamothe, avec quelques soldats

des autres Régiments Wallons. Le Colonel Maugré ne s'y trouva pas ayant esté commandé passé quelques jours d'aller à Ypres pour gouverner la ville en la place de Don Estevan de Gamarra, sur l'advis qu'on avoit que les ennemis s'en approchoient lorsqu'ils parurent du costé de Flandre. Les François firent encore une sortie sur les Wallons cette mesme nuict, une heure devant le jour du Lundy, mais ils les trouvèrent en meilleure posture. Les nostres les attaquèrent furieusement pressez de nostre Cavallerie par la Compagnie du Capitaine Anthoine, Italien de nation, renforcée d'une autre sous son commandement, qui leur alla couper voye; mais l'ennemy prit aussitost la fuitte vers sa Contrescarpe Plusieurs soldats de cette Cavallerie mirent pied à terre poursuivant les François jusques aux palissades, criant après des haches pour les coupper, à faute de quoy, ils se retirèrent vers leur poste : trois chevaux furent tuez et un soldat et des Fantassins, quatre ou cinq et trois blessez; l'ennemy laissa bon nombre de ses gens morts sur la place. L'Ingénieur, Jean de Nève, fut tué d'une mousquetade en plain jour, regardant par une tronière de la basterie du Prince de Ligne, pour voir par où il feroit ses approches la nuict suivante.

Le Lundy vingt septiesme de May, à sept heures du matin, Son Altèze, avec le Duc d'Amalfy, passèrent du costé des boyaux de la porte d'Arras où le susdit Don Gabriel de Tolédo estoit de garde encor avec son Régiment, duquel un Sergeant, animé de la présence de Son Altèze, s'escria aux soldats : Courage! il nous faut gaigner aujourd'hui la pointe de la Contrescarpe ou l'esperon des ennemis à l'honneur de l'Archiduc; puis tous ceux qui estoient dans les boyaux sortirent à corps descouverts, le mousquet en main, conduits dudit Sergeant qui s'advancèrent vers ledit esperon à la faveur de nos mousquetades secondés de leurs deux batteries, pour laquelle allarme l'ennemy accourut vers laditte attaque avec toutes ses forces, pour n'estre attaqué d'aucun costé que de celuy-là, escarmouchant contre les Espagnols, qui s'estoient desjà emparez dudit esperon, non sans grande effusion de sang de part et d'autre, pour la grande furie avec laquelle ces deux nations s'attaquèrent : mais le grand nombre de grenades, et mousquetades des ennemis couverts de leurs retranchements, firent abandonner ledit poste aux Espagnols lesquels se fortifièrent à dix pas dudit esperon : cette attaque dura l'espace d'une bonne heure, dans laquelle cinquante nœuf Espagnols furent blessez, les trente dangereusement, et huict tuez avec un Capitaine, selon la relation que l'on en fit à Son Altèze qui fut présent à cette escarmouche avec le Duc d'Amalfy, faisant donner à tous les blessez trois ducats, le Sergeant fut blessé au travers du corps d'une mousquetade, et Son Altèze loua fort le courage des Espagnols qui, en plain jour, à corps descouverts s'advancèrent dans ledit esperon.

Le mesme matin à la poincte du jour, toute la Cavallerie avoit esté en esquadron à l'entour des lignes, croyant qu'on avoit donné l'attaque généralle selon l'ordre qui en avoit esté donné, qui, pour quelque inconvénient, fut laissé ; puis, à la minuict du mesme jour, elle fut commandée de marcher à la sourdine vers Béthunes avec le Marquis de Caracène, le comte de Buquoy et Don Antonio de la Cueva, pour battre le Convoy qui devoit venir d'Arras, mais les ennemis en ayant ouy le vent, retournèrent dans la ville

Le Mardy vingt huictiesme après minuict, les François firent leur dernière sortie du costé de la porte d'Arquinghem, où ils perdirent plus de gens qu'en aucune autre ; une Compagnie du Régiment des Gardes de la Reine fut partie tuée et partie blessée, les autres abandonnèrent leurs fortifications de dehors et quelques-uns se rendirent aux Espagnols. Le Gouverneur de la ville, en ceste sortie, fut renversé par terre par un homme qui avoit esté touché par un coup de canon qui l'arrousa de son sang et cerveau, ce qui fit croire qu'il estoit tué, qui estoit la troiziesme fois qu'il eschappoit ; dans cette attaque estoit le Régiment des Gardes de Don Gaspar de Boniface soustenus de deux Compagnies de Cavallerie, l'une des gardes de Son Excellence le Marquis de Castel Rodrigo, du Capitaine Blase de Franca, Portugais de nation, et l'autre de renfort du Comte de Warroux, qui chargèrent les François à leur sortie de bonne façon, selon le signe que ledit Colonel leur avoit donné, lequel retint le trompette du premier Capitaine pour advertir lorsqu'il seroit temps d'attaquer l'ennemy ensemble avec son Infanterie en touchant la charge, ce qui fut observé ponctuellement au détriment et perte des François, Deux vaillants Capitaines Espagnols qui firent des mieux, furent tuez en en cette attaque, l'un nommé Martin de Réa, et l'autre Don Juan Laderon, fils de feu Colonel Don Alonso Laderon, et quelques soldats blessez.

Du costé des Allemands il y eut un seul soldat tué et trois blessez, et quelque nuict auparavant, le Lieutenant-Colonel du Baron de Eerlo fut porté dans Lille pour se faire panser. Du costé des Wallons, quatre furent blessez et deux tuez. Toutes les attaques furent advancées par les boyaux généralement jusques au pied de la Contrescarpe de la ville, au grand contentement des Généraux, d'autant plus que Son Altèze désiroit faire donner l'attaque généralle la nuit suivante comme il fit.

Le Mercredy vingnœufiesme, la veille de l'Assension, on disposa le long du jour tout ce qui estoit nécessaire pour l'attaque généralle, les saucisses estoient prestes en nombre de huict cens et plus, et plusieurs milliers de fascines aux testes des boyaux et bords de la Contrescarpe, en cas que les ennemis eussent attendu le passage des fossez des demie lunes et du rampart. D'abondant il y avoit encore grand nombre de ponts artificiels, chandeliers et porcs-espics, grenades et autres instruments de guerre qu'on avoit apportés pour le mesme effect et pour gaigner la Contrescarpe la nuict suivante, le Général de l'Artillerie, le Marquis Sfondrato ayant fait pourvoir à tout en temps. Le soir arrivé, le Régiment des Gardes de Don Balthasar Mercader entra dans les boyaux du costé de l'attaque de la porte d'Arquinghem, et celuy de Don Gabriel de Tolédo du costé de la porte d'Arras. Du costé des Allemands, le Colonel Donato Alemani entra de garde la mesme nuict avec son Régiment (renforcé de quelques autres) du costé de la porte de la Croix aux boyaux de son attaque, et dans ceux des Wallons, le Régiment des Gardes du Baron de Crèvecœur, du costé de la mesme porte, et chemin de Lille et d'Houplines, renforcé de mesme des autres Régiments de sa nation, comme furent aussi ceux des Espagnols, et le tout ainsi disposé, l'ennemy nous attendoit de mesme pour nous recevoir selon nos approches et préparations faites; le mot du guet que Son Altèze donna pour l'attaque généralle estoit Jesus-Maria, mais le signal et heure de combat estoient que la batterie du Marquis de Caracène devoit tirer deux coups de canons, ausquels devoit respondre le Marquis de Sfondrato avec la sienne du costé des Allemands, et le Prince de Ligne, de son costé au mesme tems, ce qui fut observé ponctuellement, et exécuté entre les onze et douze heures de la minuict, en présence de Son Altèze, qui se trouva à la veüe de l'attaque génér lle du costé des Espagnols, où le duc d'Amalfy estoit et tous les autres Chefs, horsmis ceux qui estoient dans les approches de leurs costez pour animer les soldats. Les murailles de la ville estoient entourées de falots et feux pour esclairer, afin que les ennemis se peussent mieux deffendre aux attaques de leur Contrescarpe. L'allarme donnée, on ne voyoit que feux et flammes à la faveur de l'obscurité de la nuict : les cloches de la ville ne faisoient que tinter et sonner tristement, croyant qu'on les devoit assaillir dans la ville incontinent après l'attaque généralle, et au contraire, les trompettes et timbales de Son Altèze, après avoir touché l'allarme auprès de luy, ne faisoient que fredonner des airs de resjouissance jusques à la fin du combat, qui dura une bonne heure et demie, tant que la Contrescarpe à force de mousquetades et grenades fut gaignée avec les esperons des demie lunes, avec grand courage et valeur de chacun en son attaque. Je ne peux pas vous dire, en particulier, comme les soldats et Officiers, grands et petits, se sont comportez à l'imitation de leurs Chefs et Généraux en ceste occasion, car tous généralement ont fait des mieux ; je n'ay pas encore apris le nombre des morts et blessez que nous avons eu de nostre costé, soit Officiers ou soldats, mais bien que du costé des Allemands il s'en est trouvé fort peu de tuez et blessez, un Capitaine Italien, destiné à jetter des grenades sur les ennemis, fut offencé d'une avec plusieurs autres, desquels un fut tué Le Marquis Sfondrato, Général de l'Artillerie commandant aux attaques des Allemands, donna ordre à un Capitaine et à quelques soldats d'ouvrir un retranchement devant la Contrescarpe ; mais le Capitaine ne sçeut bien discerner l'endroit, tant pour le manquement d'Ingénieur que pour les fréquentes mousquetades que l'ennemy tiroit. Lors, le Marquis sortit des boyaux et à corps descouvert, leur marqua avec son baston, la place où se devoit ouvrir le retranchement, auquel lieu il reçeut une mousquetade dans son gand qui luy frisa le gros de la main droite, le blessant légèrement ; après l'attaque générale, chacun se fortifia de son costé contre l'ennemy, dans ladilte Contrescarpe, le reste de la nuict jusques au jour de l'Assension de nostre Seigneur, qui a daigné favoriser les armes du Roy pour faire rendre la ville soubs son obéyssance.

Le jeudy trentiesme dudit mois, jour de ladilte Feste, les François, du costé de la porte d'Arras, touchèrent l'appel par trois fois vers le quartier de Son Altèze à six heures du matin, estant informez de nos prisonniers que sadilte Altèze estoit auprès de celuy des Espagnols, où estoit aussi le Duc d'Amalfy et le Marquis de Caracène pour faire continuer nos ouvrages en plain jour à la faveur de nos batteries. La continuation de l'ennemy avec les signals qu'il faisoit de se vouloir rendre à Son Altèze, obligea le Duc d'Amalfy de l'aller escouter pour traitter des Capitulations et faire cesser tout acte d'hostilité. Deux desputés sortirent de la ville pour traitter avec Son Altèze qui lui demandèrent de sortir avec armes et bagages, tambour-bastant, etc., ce qu'il ne voulut leur octroyer ; Son Altèze ne leur laissa autres conditions que celles accordées à Mardique l'année précédente. Les renvois de part et d'autres durèrent plus de six heures. Monsieur du Plessis-Bellièvre, Gouverneur d'Armentiers, ne pouvant souffrir que ses gens fussent prisonniers de guerre, ce qui retarda de quelques heures la conclusion des Capitulations.

Cependant, le Baron de Becq faisoit continuer tousjours les attaques des Allemands et Wallons, et jouer les batteries du Marquis Sfondrato et du Prince de Ligne plus furieusement que devant, pour obliger les

François de se rendre, aussi bien de son costé que de celuy de Son Altèze, à cause de quoy le Duc d'Amalfy et le Marquis de Caracène (à la requeste du Gouverneur qui n'entendoit point cette note-là, se trouvant attaqué en temps qu'il traictoit de se rendre) luy envoyèrent dire par un adjudant qu'il devoit cesser de les attaquer, puisque les François traictoient avec Son Altèze, à quoy il respondit qu'il ne l'ignoroit pas, mais qu'il ne falloit pour cela désister d'attaquer l'ennemy, tandis qu'il ne touchoit l'appel de son costé ainsi qu'il avoit fait de celuy de Son Altèze alléguant qu'en un siége il falloit obliger l'ennemy à se rendre de tous costez, et que partant il ne pouvoit faire cesser ses attaques, renvoyant l'adjudant; il dit en après aux Canoniers de la batterie du Marquis Sfondrato où il estoit, qu'ils eussent continué à renverser et tirer les palissades des demie lunes par terre, comme ils firent, et aux soldats de poursuivre leurs ouvrages et attaques en plein jour, qui furent plus chaudes que celles de la nuict précédente. Enfin, le Baron de Becq obligea les Suisses et François qui estoient de ce costé-là de toucher l'appel par trois fois, et lors il fit cesser de tirer pour les escouter s'approchant de leur demie lune; d'où ils demandèrent de sortir avec armes et bagages, de mesme qu'ils avoient fait à Son Altèze, ce que le Baron ne leur voulut pas permettre, se remettant aux conditions de Son Altèze, d'avoir la vie sauve, se rendans prisonniers de guerre, à quoy respondit l'ennemy qu'il choisiroit plustost la mort que de faire une Capitulation si honteuse; le Baron de Becq leur repartit : « Quoy ! Messieurs, vos Généraux nous ont donnez ces Loix pour nous, et vous ne les voulez pas garder pour vous ! Non, non, il faut que vous vous résoudiez à les observer, comme vous nous y avez obligé à Mardique, Bourbourg, et ailleurs, autrement n'espérez aucun quartier, et défendez-vous comme vous voulez, et nous voirons qui sera maistre. » Sur quoy ils répétérent de nouveau qu'ils aymoient plustost mourir que de se faire prisonniers, et au mesme temps chacun de part et d'autre s'est retiré dans ses fortifications, recommençant de nouveau les attaques qui durèrent jusques à ce qu'ils se trouvèrent contraints de faire rappeler le Baron de Becq pour s'accorder tout de bon avec lui, envoyant deux Capitaines en ostage, comme il fit aussi de son costé pour les obliger au mesme accord que cy-dessus, en conformité de celuy de Son Altèze à l'acquiescement duquel accord toutes actes d'hostilité devoient cesser de part et d'autre, ainsi que d'attaque contre la ville.

Alors, le Gouverneur, tout indigné de ne pouvoir obtenir des conditions plus favorables pour lui et pour toute la garnison, et se voyant vivement pressé de tous côtés par les attaques; et ne sçachant à quoy recourir pour éluder à se voir forcé de remplir de tels articles de Capitulation qui lui paroissoient peu dignes de sa généreuse deffense, et flétrir la gloire du nom François, imagina un expédiant qui auroit dû faire frémir l'humanité si l'effet eut suivi, et si la Clémence de Son Altèze inclinée favorablement pour l'innocent, n'eut prévalue une aussi funeste résolution. Le Gouverneur donc dit alors aux Bourgeois, tout en colère et avec menaces, ainsy qu'à ceux de l'état ecclésiastique qu'il feroit piller leurs maisons, Eglises et Cloistres, et mettre le feu dans quatre endroits différents de la ville, s'ils ne se rendoient auprès de Son Altèze et n'obtenoient de luy des conditions moins irritantes son honneur, et pour leur en vérifier l'effect, et les jetter dans de plus grandes allarmes, il leur intima ces choses par écrit et signé de sa main. Mais soit qu'il eusse eu l'intention de venir à ces extrémités, ou que ce fusse esté une feinte pour incliner le Prince à lui accorder sous ce voile ce qu'il demandoit, il en sortit tousjours par ce stratagesme à meilleure composition, car la ville, dans l'appréhension où elle estoit, députa d'abord de chaque communauté deux R. P. Jésuites, deux Capucins et deux Birgittins, ainsi que trois Membres du Magistrat, pour se rendre vers son Altèze à qui ils présentèrent ledit écrit du Gouverneur, et l'informèrent de sa résolution, le suppliant de vouloir bien modifier les articles de la Capitulation, en laissant sortir l'ennemy avec armes et bagages, etc , et d'user d'indulgence à leur égard, comme à celuy de tout un peuple qui, sans ceste concession, alloit estre immolé comme une victime à la fureur d'un incident ou cause militaire pour lesquelles ils n'y avoient aucune part.

Tout ceci fut dit en présence du Duc d'Amalfy, du Marquis de Caracène et d'autres Chefs Généraux du Camp, avec qui Son Altèze en ayant conféré, elle s'addressa ensuite aux envoyés et leur dit (les chargeant réciproquement d'un écrit dans lequel estoit exprimé ce qu'elle leur disoit de bouche) : Allez et dites au Gouverneur de ma part que si, pour sa délivrance, il trouve quelque advantage à brusler la ville d'Armentiers, qu'il le fasse hardiment ; mais qu'il se souvienne que luy et tous ses soldats, je les ferai rostir tous vifs sur la braise qui restera de l'incendie de la ville, et que, pour une ville d'Armentiers qu'il fera brusler, je seaurai m'en venger à mon tour en France et y ferai brusler le double. Ces desputez, ayant achevé l'objet de leur mission, retournèrent dans la ville, où ils firent le récit au Gouverneur de ce que leur avoit chargé Son Altèze de lui dire, en lui remettant également, par représailles, l'écrit dudit Prince dans lequel estoient exposées les mesmes choses qu'il leur avoit fait dire de bouche, et muni de sa signature : Alors le Gouverneur, instruit des intentions de Son Altèze (s'il eut exécuté ou s'eut obstiné à suivre un projet aussi fatal), ne pensa plus qu'à se disposer pour sortir de la ville, selon les conditions de la Capitulation cy-devant énoncées.

Pendant que tout cecy se passoit entre Son Altèze et ceux de la ville, le Baron de Becq retenoit tousjours auprès de luy les deux Capitaines icy avant mentionnés sur le bord du fossé de la demie lune de la ville en conférant avec les deux dits Capitaines commandans dont l'un pour le Régiment Suisse, et l'autre pour un Régiment François; mais comme parmy leur entretien, M. le Baron de Becq s'approchoit de plus près des fortifications pour recognoistre leurs travaux, les deux Capitaines lui représentèrent qu'il ne pouvoit s'en approcher de si près; tandis qu'aucun accord n'estoit encore arresté, ni conclu d'un costé ni d'autre; alors le Baron de Becq leur répondit qu'il sçavoit bien ce qu'il faisoit, parce qu'il estoit d'intention de leur donner l'assaut général, en cas qu'ils ne fussent contens des offres qu'il leur avoit faites : et, dans le mesme moment, il commanda en leur présence, à un de ses Officiers, de faire sortir, dehors des boyaux, chaque soldat portant sa fascine en main, ce qui surprit tellement les Capitaines et autres soldats ennemis, qu'ils furent obligés de tenir le silence et d'attendre que l'on eust rédigé, par écrit, les articles de leur Capitulation, en se préparant pour leur départ.

Ainsi, la ville fut renduë à Son Altèze le 30 de May; et, le lendemain matin, 31 du mesme mois, vers l'aurore du jour, la ville fut confiée au soin de M. le Marquis de Caracène; quoyque la ville estoit ainsy renduë, cependant les Officiers-Généraux et Colonels de Régimens restoient tousjours constamment dans leur poste, à la teste de la garde et de leur Régiment, comme Don Gabriel de Tolédo, qui, la nuict avant, occupoit la porte d'Arras avec son Terce, resta encore de garde à la mesme porte, tout le jour suivant; (ce poste lui avoit esté donné lorsqu'il s'agissoit de donner l'attaque générale). Don Baltazar Mercader tenoit aussi toutes les fortifications du dehors du costé de la porte d'Arquinghem; le Baron de Crèvecœur, avec son Régiment de soldats Wallons, occupoit la porte d'Houplines, dite de la Croix, avec toutes les fortifications des environs. M. de l'otelberg se tenoit avec son Régiment de soldats Allemands sur les ramparts de la mesme porte, et le Commandant de la trouppe Italienne avec son Régiment, estoit chargé de la porte de Flandre et des fortifications extérieures, de sorte que toutes les trouppes, tant nationales qu'étrangères, eurent part au mesme honneur et à la mesme gloire de se rendre maistres desdites portes, de se signaler dans leur attaque et d'emporter la ville au dépend de leur sang et de leur vie, pour laquelle rendons de très humbles actions de grâces au Roy Tout Puissant, le Dieu des Armées, qui peut nous rendre victorieux de nos ennemis, surtout lorsque, pour de justes querelles et prétentions de notre Roy, nous nous disposons au combat, spéciallement soubs le Commandement d'un Prince aussi valeureux et magnanime qu'est Son Altèze Impériale, le Sérénissime Archiduc Léopolde, qui est aussi prompt à exécuter qu'à commander, que le Très-Haut nous a envoyé pour retraire des mains de l'ennemy, notre Pays isolé et démembré, le réparer et relever par cette conquette, à la honte de ses adversaires, la maison d'Autriche.

Le Vendredy 31 de May, dans la matinée, lorsque nos trouppes entrèrent dans la ville pour en prendre possession et y occuper les postes que l'ennemy devoit évacuer, on vit le Gouverneur François, M. de Belièvre, accompagné de tous ses Officiers de guerre, montez à cheval, disposez selon leur rang de distinction et tous préparez pour leur départ, ainsi que leurs bagages, sur la Grand'Place d'Armentiers, tout conformiément à ce qui leur avoit esté accordé ; mais la foule et l'empressement de nos soldats pour voir la ville estoient si grands que parmy la presse on ne pouvoit advancer, quelques-uns mesme de nos soldats commirent du désordre, sortirent hors de leurs rangs es'ant tentés d'enlever en cachette quelque butin malgré la précaution qu'on avoit eu d'y poser des sentinelles et des gardes dans les environs. Le Duc d'Amalfy alors et M. le Marquis de Caracène employèrent toute la peine et tout leur soin pour y rétablir un meilleur ordre, ne cessent de frapper à grands coups sur les coupables, tant qu'ils les eurent faits rentrer en leur devoir et que tout fut appaisé afin de satisfaire à l'engagement accordé aux vaincus, et d'exécuter l'ordre de Son Altèze, selon qu'elle s'estoit engagée par sa parole à l'ennemy. Ces choses estant ainsi arrangées, on laissa sortir paisiblement le Gouverneur ainsi que sa suite dehors de la ville, de mesme que son bagage, son carosse attelet de quatre chevaux dans lequel Madame son épouse, et ses enfants encore en bas âge, y estoient, qui, s'estant apperçue de la license que vouloient prendre quelques soldats de nostre Infanterie en estoit extrêmement triste et inquiète, appréhendant que nos trouppes l'eussent pillée en son passage, mais quelques cavaliers Officiers qui estoient venus pour voir la ville, et qui se trouvèrent en cet endroit très à propos la consolèrent dans son accident et la mirent hors d'inquiétude. Le premier qui l'aborda fut le Comte de Falais, ensuite Messieurs les Comtes de Renebourg et de Brouay, Messieurs de Montmorency et le Marquis Ventévoglo avec plusieurs autres qui suivirent, ce qui tranquilisa l'esprit de cette dame, puis le Gouverneur estant sorti de la ville avec les autres Officiers mentionnés dans le traité, quelques Capitaines et autres moindres Officiers de l'armée furent conduit, en ostage au cloistre des Pères Jésuites où estoit Monsieur de Gombaut, tandis que ledit Gouverneur disposoit les changes de nos prisonniers de Mardicque en France avec Son Altèze Royalle le Duc d'Orléans, l'entrée de l'Archiduc dans la ville d'Armentiers se fit en la forme suivante.

Le Samedy premier de Juin, après que le Duc d'Amalfy et le Marquis de Caracène eurent mis bon ordre le jour auparavant à toute la ville, d'où le Gouverneur en estoit sorty, et les autres François mis en arrest et prisonniers de guerre, les Bourgeois taschèrent d'accomoder et orner leurs ruës le mieux qu'il leur estoit possible pour la réception de Saditte Altèze, avec grande démonstration et signe d'allégresse, jusques à baiser les escharpes rouges de nos soldats et Officiers, en criants : « Vive le Roy et l'Archiduc Léopolde qui nous ont délivré des mains des François. » La grande Eglise estoit de mesme préparée et le chœur tapissé selon sa commodité, où estoit le Tressaint et Auguste Sacrement, exposé sur le maistre Autel, en bas des passez sur un degré couvert d'un beau tapis, estoit posé l'accoudoir de Son Altèze couvert d'un drap de velours noir avec son careau, et places de séances pour les autres seigneurs de costé : les Musiciens de mesme estoient prêts sur le doxal pour chanter le *Te Deum Laudamus*, où plusieurs estoient arrivez d'Ypre et de Lille pour assister à cette solennité, avec un grand concours de peuple de toutes parts : le Clergé, les Pères Capucins, les Birgitins en corps attendoient Son Altèze à l'entrée de la principale porte de l'Eglise avec les Croix, Banières, et l'eau bénite. Le tout ainsi ordonné, la Compagnie des Gardes de Sa Sérénissime Alteze entra la première dans la ville à dix heures du matin, suivie de quatre trompettes et deux timbales qui touchoient à qui mieux mieux la marche : puis la Noblesse du Pays selon son rang suivoient lesdittes trompettes, et plusieurs Seigneurs de marque marchèrent en mesme façon, suivis des principaux Chefs et Commandants de l'armée, tous habillez et couverts richement à l'envie, montez sur des chevaux lestes et de pris. Son Altèze demeura quelque temps à l'entrée de la ville, où le Magistrat vint luy donner la bien venuë, le congratulant du bon succez de ses armes, et de la prise de leur ville avec l'offre de leur service : puis il entra dans la ville avec sa Compagnie des Gardes de corps des Archers et celle des Halebardiers : à chaque costé marchants en haye et, au milieux d'eux, marchoient six pages devant Son Altèze, lequel, tout seul sur un cheval alezan, tesmoigna son affection à tout le peuple avec grande modestie, suivi du comte de Swatzembourg, Prince d'Amstadt et autres Seigneurs de sa Cour, escortez d'une autre Compagnie de Chevaux de sa Garde qui suivoit derrière. En son passage, plusieurs filles et Damoiselles semèrent de la verdure et autres bonnes herbes odoriférantes meslées de fleurettes tout au long d'une rue desoubs les pieds de son cheval, en tesmoignage de leur affection, disans avec les Bourgeois qu'elles n'avoient pas veü un plus brave Prince en toute leur vie : toutes les ruës et fenestres estoient plaines de peuple pour voir Son Altèze :

les François mesme qui estoient arrestez dans la ville en ostage, s'estonnèrent de le voir si béning et affable ; lorsqu'il fut arrivé devant le portail de la Grande Eglise, le Baron de Boulers, Escuyer de Saditte Altèze, print l'estrivière en main pour l'assister à descendre du cheval, et entra de là dans l'Eglise où le Clergé le receut vénérablement, luy donnant à baiser une Croix, en l'arrousant d'eau bénite, conduisant Son Altèze jusques au pied du maistre Autel, avec les susdits Religieux en procession, où il se mit à genoux devant son accoudoir ; au mesme temps, le *Te Deum* fut chanté, suivy des Litanies de Nostre Dame avec quelques motets d'allégresse en l'honneur de la Vierge. Puis, Son Altèze ayant achevé ses dévotions, sortit de l'Eglise en la mesme façon qu'il y estoit entré, faisant une profonde révérence au Tressaint Sacrement, il alla, de là, disner chez les Pères Jésuites où il demeura quelques heures pour donner ordre aux affaires d'Estat et de la campagne, puis il alla visiter toute la ville et les ramparts d'icelle, suivi de grand nombre de Noblesse, et le mesme soir alla coucher au Camp. Son Excellence le Marquis de Castel-Rodrigo pour avoir coopéré à la prise de la ville d'Armentiers par les préparations de la campagne présente qu'il avoit faite le long de l'hyver devant l'arrivée de l'Archiduc, fut adverty le trentiesme de May dans Lille (où il estoit resté à cause de son indisposition) que la ville d'Armentiers capituloit pour se rendre, lequel, de bon matin, vint congratuler Son Altèze Impérialle en son quartier, puis il entra dans la ville le mesme jour que le Gouverneur en sortit, où il demeura deux jours jusques à l'entrée de Son Altèze, après lesquels il retourna à Lille. Don Miguel de Salamanca partit pour Bruxelles le Mardy suivant. Le Duc d'Amalfy et le Marquis de Caracène sortirent avec quatre mille hommes des lignes et six pièces de campagne la nuict du Vendredy, pour aller rencontrer, pour la seconde fois, le Convoy François qui devoit venir d'Arras à Béthune, mais sur les advis qu'il eut de nos trouppes, il n'osa sortir de laditte ville. Mille chevaux de Son Altèze de Lorraine furent joints avec les susdites trouppes, et au mesme temps, quatre mille hommes de secours de Sadite Altèze furent envoyés à l'Archiduc qui entrèrent tous ensemble dans nos lignes le Lundy troisiesme de juin, à neuf heures du matin, et la mesme nuict, Son Altèze Impérialle envoya Don Estevan de Gamarra avec Jean Delli Ponty et ses Italiens, avec des trouppes Wallones de chaque Régiment et quelques pièces d'Artillerie pour investir le chasteau et bourg de Comines, grandement fortifié par les François, lequel fut rendu le Mardy l'onziesme dudit mois, à sept heures du matin, toute la garnison faite prisonnière de guerre, horsmis quelques Volontaires du pays d'Arthois, qui estoient dedans, qui furent pris à mercy.

*Relation des François et Suisses qui sont sortis de la ville d'Armentiers,*
*le trente et uniesme de May 1647, selon la Relation*
*que le Gouverneur a donné.*

| | Capitaines. | Lieutenans. | Alféres. | Sergeans. | Soldats. |
|---|---|---|---|---|---|
| Du Régiment des gardes du Roy. | 1 | 1 | 0 | 13 | 400 |
| Du Régiment des Suisses de garde. | 0 | 1 | 2 | 0 | 550 |
| Du Régiment de Navarre. | 4 | 4 | 3 | 8 | 332 |
| Du Régiment de Rambure. | 1 | 1 | 1 | 2 | 31 |
| Du Régiment de Bresé. | 6 | 8 | 0 | 30 | 289 |
| | 12 | 15 | 6 | 53 | 1602 |

Cavallerie.
Du Régiment de Cavalleri de Monsieur de Bergeré frère du Maréchal de Gassion qui estoit dans Courtray, et de la Compagnie du Gouverneur.

| | | | | | |
|---|---|---|---|---|---|
| | 1 | 2 | 4 | 2 | 111 |
| | 13 | 17 | 18 | 55 | 1713 |

Les blessez François qu'il y a dans les hospitaux d'Armentiers conformément à la relation prise, sont les suivants :
Au Collége des Pères Jésuites.

| | 2 | 0 | 1 | 0 | 28 |
|---|---|---|---|---|---|

Dans l'Hospital des Célestines dittes Bleüettes.

| | 1 | 1 | 1 | 5 | 168 |
|---|---|---|---|---|---|

Et un Commissaire de l'Artillerie.

Qui font ensemble avec les blessez

| | 16 | 18 | 12 | 55 | 1909 |
|---|---|---|---|---|---|

Sans les tuez, enfuis, et rendus aux nostres.

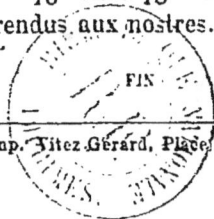

FIN

Lille. — Imp. Vitez Gérard, Place de Strasbourg, 12.

PLAN DU SIÈGE DE LA VILLE D'ARMENTIÈRES EN FLANDRE (1647)